Chaque Livraison de deux Planches : 5 francs.

CHOIX
D'ORNEMENTS ARABES
DE
L'ALHAMBRA

OFFRANT DANS LEUR ENSEMBLE

UNE SYNTHÈSE DE L'ORNEMENTATION MAURESQUE EN ESPAGNE

AU XIIIe SIÈCLE

REPRODUITS EN PHOTOGRAPHIE

PAR

MM. BISSON FRÈRES

1re à 6e Livraison. — Planches 1 à 12

PARIS

GIDE ET J. BAUDRY, ÉDITEURS

DE L'ARCHITECTURE DU Ve AU XVIe SIÈCLE, PAR J. GAILHABAUD; LES ARTS ET L'INDUSTRIE, PAR HOFFMANN ET KELLERHOVEN, ETC.

5, RUE BONAPARTE

1853

Chaque Livraison de deux Planches : 5 francs.

CHOIX
D'ORNEMENTS ARABES
DE
L'ALHAMBRA

OFFRANT DANS LEUR ENSEMBLE

UNE SYNTHÈSE DE L'ORNEMENTATION MAURESQUE EN ESPAGNE

AU XIII° SIÈCLE

REPRODUITS EN PHOTOGRAPHIE

PAR

MM. BISSON FRÈRES

1er à 6e Livraison. — Planches 1 à 12

PARIS

GIDE ET J. BAUDRY, ÉDITEURS

DE L'ARCHITECTURE DU V° AU XVI° SIÈCLE, par J. GAILHABAUD ; LES ARTS ET L'INDUSTRIE, par HOFFMANN ET KELLERHOVEN, ETC.

5, RUE BONAPARTE

1853

7 - 49

CHOIX
D'ORNEMENTS ARABES
DE
L'ALHAMBRA

— PARIS —

IMPRIMERIE DE J. CLAYE ET Cⁱᵉ

RUE SAINT-BENOÎT, 7.

CHOIX
D'ORNEMENTS ARABES
DE
L'ALHAMBRA

OFFRANT DANS LEUR ENSEMBLE

UNE SYNTHÈSE DE L'ORNEMENTATION MAURESQUE EN ESPAGNE

AU XIIIe SIÈCLE

REPRODUITS EN PHOTOGRAPHIE

PAR

MM. BISSON FRÈRES

PARIS

GIDE ET J. BAUDRY, ÉDITEURS

DE L'ARCHITECTURE DU Ve AU XVIe SIÈCLE, PAR J. GAILHABAUD; LES ARTS ET L'INDUSTRIE, PAR HOFFMANN ET KELLERHOVEN, ETC.

5, RUE BONAPARTE

1855

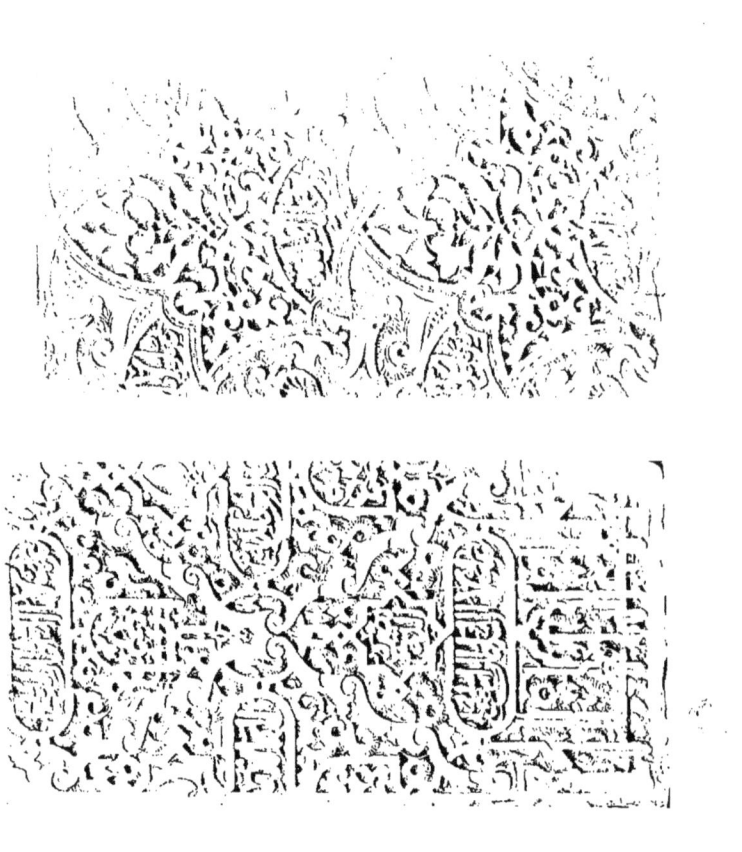

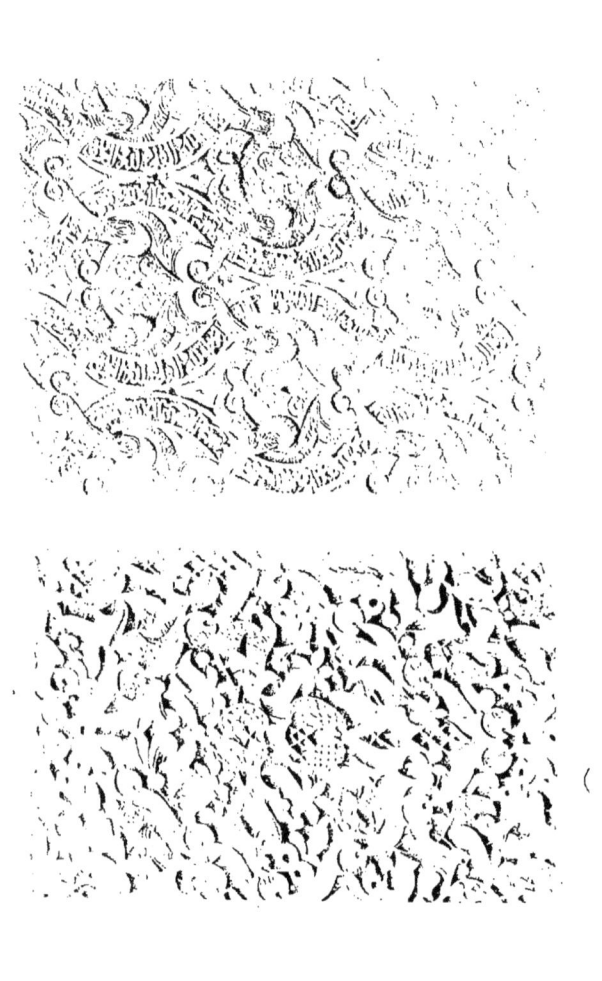

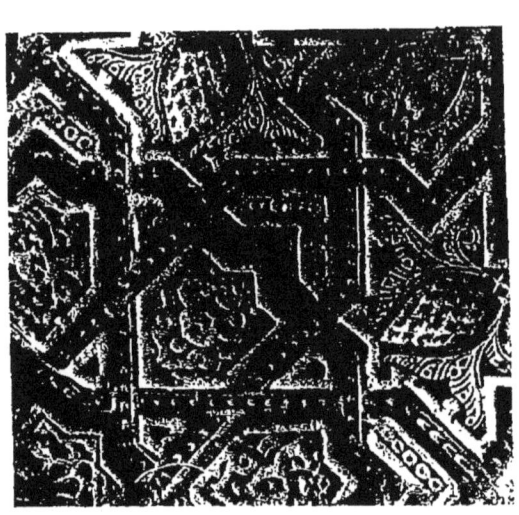
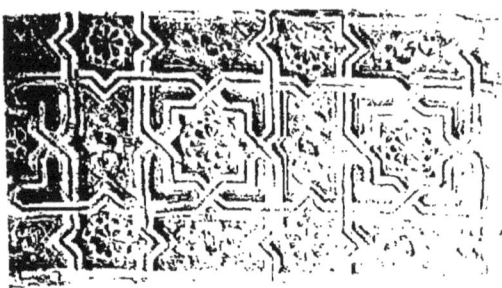

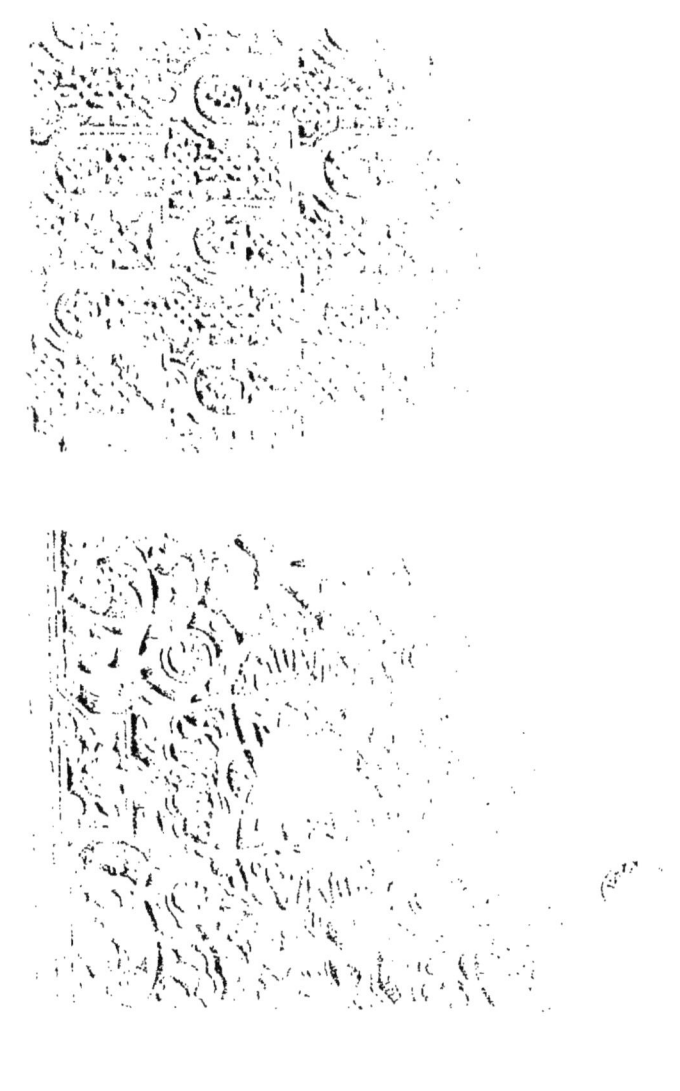

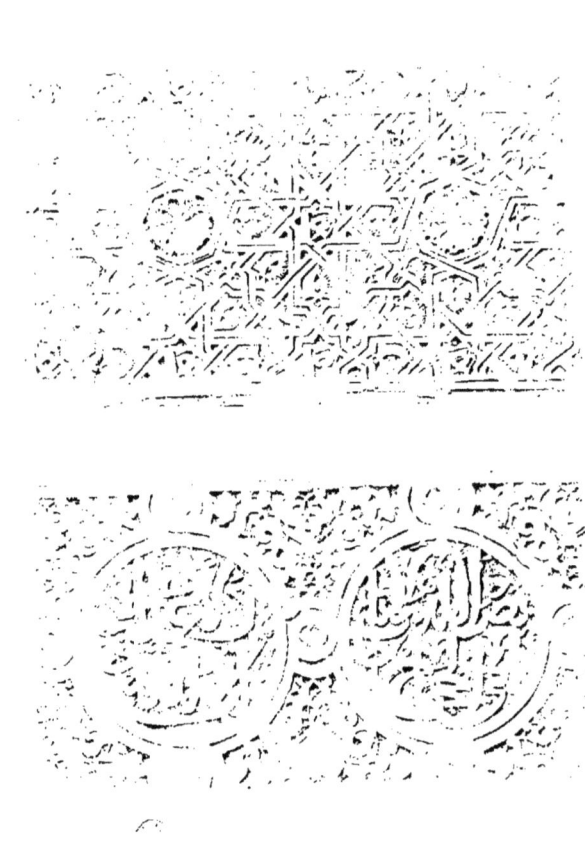

www.ingramcontent.com/pod-product-compliance
Lightning Source LLC
Chambersburg PA
CBHW060611050426
42451CB00011B/2188